www.queridokind.nl

De groeten van de goede Sint verscheen in 2006 in de serie Douwe Egberts Sinterklaasboeken (Blue in Green Publishing, Amsterdam)

Copyright text © 2006 by Imme Dros. Copyright illustrations © 2006 by Harrie Geelen. Niets uit deze uitgave mag worden verveelvoudigd en/of openbaar gemaakt, in enige vorm of op welke wijze ook, zonder voorafgaande schriftelijke toestemming van Em. Querido's Uitgeverij BV, Singel 262, 1016 AC Amsterdam.

Omslag Brigitte Slangen

ISBN 978 90 451 0643 4 / NUR 281

Imme Dros & Harrie Geelen

De groeten van de goede Sint

Amsterdam Antwerpen
Em. Querido's Uitgeverij BV
2008

De groeten van de goede Sint

Nu luister eens naar me, want ik begin
aan een verhaal met veel snoepgoed erin.
Laat de tandartsen dit maar niet horen,
dan gaan ze zeuren, dan gaan ze boren.
'Niet te veel snoepgoed, niet te veel zoet!'
roepen ze. Ach, ze bedoelen het goed.
Maar er is één dag, dat weet ieder kind,
dat snoepgoed mág: de verjaardag van Sint.

Sint, of liever Sinterklaas
heet eigenlijk Sint Nicolaas.
Niemand zal zijn verjaardag vergeten.
Maar hoe oud hij is, wie zou dat weten?
Iedereen kent Sint, Sint kent iedereen.
Toch is hij na 5 december alleen.
Dan komen lange, stille dagen.
Maar je hoort hem er niet over klagen.

Sint zit zich alweer suf te denken
wat hij het volgende jaar eens zal schenken.
En denken is het begin pas maar.
Als hij het weet, is hij nóg niet klaar.
Hij moet gaan winkelen, in gaan pakken,
passen en meten, knippen en plakken.
Overal ligt sinterklaaspapier
in zijn sinterklaashoofdkwartier.

Zo gaat het maandenlang, dag en nacht.
Is Sint dán klaar? Dat had je gedacht.
Dan begint het zwaarste karwei.
Dan komt Sinterklaas bij mij.
Elk jaar in september staat hij op mijn stoep.
Want kijk, sinterklaasdichter is mijn beroep.
Eerst belt Sint op, dan belt hij aan.
Ik heb al thee op het lichtje staan.

En door het ruitje van mijn deur
herken ik zijn jas aan de rode kleur.
'Hoe gaat het, Sint, lang niet gezien.
Een kopje thee met een letter misschien?
Gezellig, zet uw mijter maar af,
en geef mij uw dikke boek en uw staf.
Ik heb er weer zin in, kom gauw binnen.
Dan kunnen we met het dichten beginnen.

Heeft u de lijst met alle namen?'
'Heb ik!' zegt Sint. We bekijken hem samen.
Naast elke naam staat een lang verhaal.
En dat lezen wij helemaal.
Zo! Heeft die jongen een kind gepest?
Zo! Deed dit meisje nu goed haar best?
Zo! Heeft die papa te hard gereden
en alle verkeersregels overtreden?

In een sinterklaasgedicht
komen er dingen aan het licht.
Iemand is goed geweest of juist slecht.
En dat wordt eindelijk eens gezegd.
Na weken is ons werk gedaan
en Sint kan naar de stoomboot gaan.
'Dichter, bedankt,' zegt hij. 'Dat is klaar.
Het beste maar weer en tot volgend jaar.'

Op een keer vond ik na ons vaarwel
zijn staf in de kamer en 's nachts ging de bel.
Ik dacht natuurlijk dat Sint het was.
Maar toen ik buiten kwam, zag ik het pas:
de jas was wel rood en de baard was wel wit,
maar het gaat erom wie eronder zit.
Het was Sinterklaas niet, nee, o nee.
Het was de Kerstman met zijn slee.

En voor ik wist wat er was gebeurd,
had hij me in die slee gesleurd.
Ik hield mijn adem in van de schrik.
Ik stikte bijna, zo bang was ik.
Mijn hart stond stil. Dat is niet goed.
En in mijn aderen stolde het bloed.
Maar het allerergste moet nog komen.
Van de angst kon ik niet meer rijmen.

Zoiets merk je als sinterklaasdichter meteen.
Mijn hoofd was altijd zwaar van de rijmwoorden.
Nu voelde het plotseling licht en leeg.
Ik probeerde vlug een versje te maken.
Maar ik liet appels rijmen op peren.
En baard op rendier. En kerstboom op suikerbeest.
Ik kon mijn baan bij Sint wel vergeten.
Wat moet een sinterklaasdichter zonder rijm?

We vlogen hoog boven de wolken.
De maan stond als een komma in de lucht
en de sterren waren dikke punten.
Maar rijmwoorden kon ik nergens vinden.
'Hohoho,' brulde de Kerstman. 'Hohoho.'
Zijn domme rendieren renden gewoon door.
De naam zegt het al, ze kunnen niks anders.
Sint roept één keer 'ho' en de schimmel staat als een huis.

Het werd steeds kouder in de slee,
en ik had alleen mijn pyjama aan.
De Kerstman hoorde me klappertanden.
'We zijn er zo, dichtertje,' riep hij.
En ja, we gingen de diepte in.
De rendieren holden door dikke wolken.
Ik zag een landingsbaan tussen flakkerende kaarsjes.
Zonder ongelukken kwamen we op de grond.

De Kerstman bracht me naar zijn paleis.
Het leek nog het meest op een kerstboom.
De ramen waren rond als kerstballen
en de deuren hadden de vorm van een kaars.
Het erf stond propvol kerstprullen:
rendieren van lichtjes, sterren van lichtjes,
kerstmannen en kerstkaarten en kerstkransen van lichtjes.
'Móói niet? Voornáám niet?' riep de Kerstman.

Binnen was het in elk geval warm.
Het rook er sterk naar dennengroen.
'Kom lekker bij de haard,' zei de Kerstman.
'Dan nemen we een beker hete chocola.
Daar knap je wel van op, dichtertje.'
Hij zette een schaal banket voor me neer,
een doos met kransjes en een stuk kerstbrood.
Alles smaakte goed, dat moet ik zeggen.

Maar kerstkrans haalt het niet bij boterletter
en er gaat niets boven speculaas. Of taaitaai.
Of pepernoten, of marsepein, of borstplaat.
Maar ik zei het niet, ik had honger.
Toen we alles op hadden zei de Kerstman:
'Nu zal ik je uitleggen waarom je hier bent.
Ik wil dat je voor mij komt werken. Hier.
En dat je Sinterklaas laat vallen. Oké? Oké!'

Ik staarde de Kerstman met open mond aan.
Waar had die kerstkransjesvriend het over?
Ik Sinterklaas laten vallen?
Ik, de sinterklaasdichter zelf?
Dat zou wel het stomste zijn wat ik kon doen.
Het stomste en het ergste en het gemeenste.
Als ik daar een sinterklaasgedicht over moest maken,
nou, dan zou ik mezelf toch op mijn kop geven!

'Je moet vooruitzien,' zei de Kerstman.
'Die hele Sinterklaas heeft zijn tijd gehad.
Stoomboten? Schimmels op het dak?
Zingen bij een schoorsteen? Ouwe koek.
Iedereen kiest allang voor de Kerstman.
Kijk maar in de winkels en de supermarkt.
Het is in de herfst al alles kerst wat de klok slaat.
Kerst is in, Klaas is uit. Oké? Oke!

Ik kan alleen niet op tegen die gedichten.
Die horen nu eenmaal bij Sinterklaas.
En de mensen hier willen ze niet missen.
Daarom blijven ze sinterklaas vieren.
Maar als jij voor mij werkt is dat afgelopen.
Dan kunnen we 5 december vergeten.
In Engeland en Amerika ben ik al de enige.
Kom op, dichtertje, ik kan je schatrijk maken.'

'Maar ik ben sinterklaasdichter!' riep ik uit.
'Ik maak alleen sinterklaasgedichten.'
'O, we noemen ze gewoon anders,' zei de Kerstman.
'Dan heten ze van nu af aan Kerstmangedichten.
En we maken reclame, dat spreekt vanzelf.
Kerstkrans met gratis kerstmangedicht.
Twee kerstmangedichten voor de prijs van één.
En jij komt in de krant en op de tv.'

'Nee, dank u,' zei ik. 'Ik kan het niet.'
De Kerstman werd driftig.
Zijn gezicht kreeg de kleur van zijn jak.
'Hohoho!' bulderde hij. 'Hohoho!'
Ik was ver van huis en in mijn pyjama.
Moest ik hem zijn zin geven?
Kerstmangedichten maken?
Die goeie Sinterklaas in de steek laten?

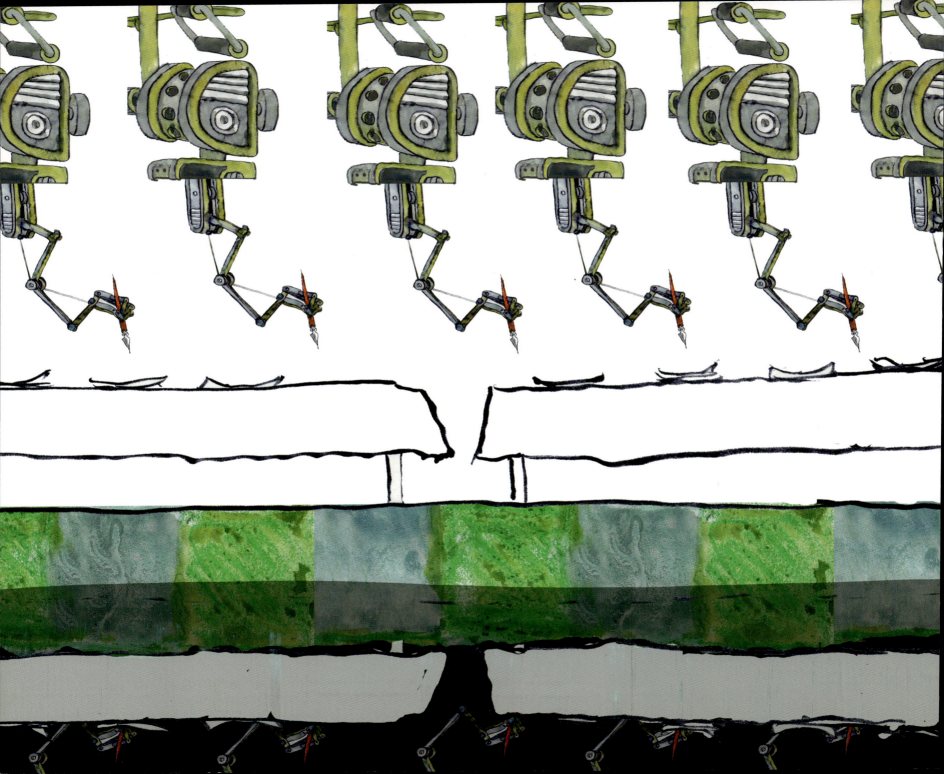

Ik kromp in elkaar en de Kerstman kalmeerde.
Hij leidde me door lange gangen naar een zaal.
Daar, in het midden, was een zwembad.
Een raar zwembad, er zat geen water in.
Het was tot aan de rand gevuld met inkt.
Om het zwembad heen stonden tafels.
Er lagen vellen briefpapier op.
En boven elk vel hing een robotarm met een pen.

Ik keek omhoog en zag een enorme machine.
Wel honderd van die robotarmen staken eruit.
'Zelf ontworpen,' zei de Kerstman trots.
'Ik noem hem de Kerstmangedichtenmachine.
Gedichten moeten met de hand geschreven.
Dan lijken ze echter, vind je ook niet?
Ik laat even zien hoe het werkt.
Je zult ervan staan te kijken, dichtertje!'

De kerstman drukte op een knop.
Lichtjes flikkerden aan en uit.
De machine tikte en trilde en zoemde.
Alle robotarmen kwamen in beweging.
Ze doopten de pennen in het inktbad.
Daarna stegen de pennen op tot boven het papier.
De Kerstman pakte er eentje vast en schreef:
KERSTMANGEDICHT

Honderd pennen krasten met hem mee
en op honderd velletjes verscheen letter voor letter:
KERSTMANGEDICHT
'Ik pak het groot aan,' zei de Kerstman.
'Dit is mijn eerste Kerstmangedichteninktbad.
Maar er komen er volgend jaar veel meer.
En ze worden groter ook, veel groter.
Zo verover ik het ene land na het andere.

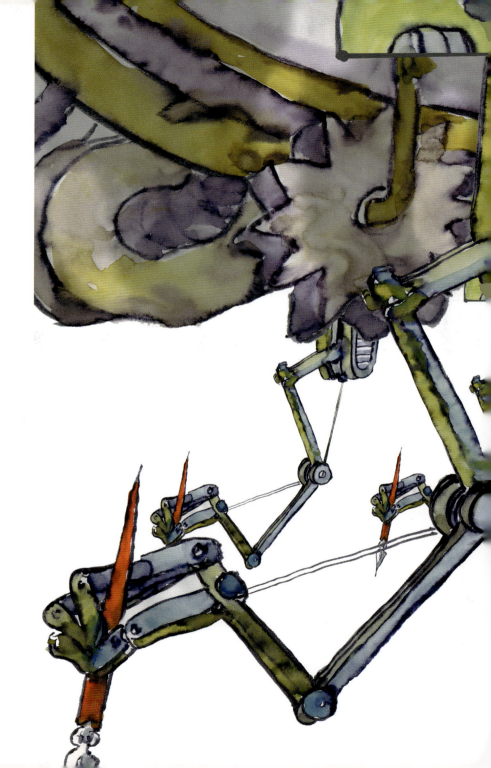

We doen straks duizend gedichten tegelijk.
Je wordt miljonair en wereldberoemd!
Geen sok zonder kerstmangedicht.
Dat is het doel waarnaar wij streven.
Daar werken wij naartoe. Oké? Oké!
Ga hier zitten en probeer een pen.
Denk erom, nee is geen antwoord hier.
Maak een kerstmangedicht!'

Hij duwde me ruw naar een stoel.
'Let op, ik druk op de knop,' zei hij.
De pennen zakten in de inkt.
Ik stak mijn hand al uit.
Maar opeens wist ik het weer.
Ik kon immers niet meer rijmen.
'Het zal niet gaan, Kerstman,' zei ik.
'Het lukt me niet. Echt niet.'

'Gaan we moeilijk doen?' vroeg de Kerstman.
'Ik kan het niet meer,' jammerde ik.
'Mijn hoofd is leeg, ik kan niet meer rijmen.
Wat moet ik beginnen, ik ben verloren.'
'Rustig nou maar,' suste de Kerstman.
'Ik help je een beetje. Wat rijmt er op krans?'
Ik dacht koortsachtig na; ik kneep mijn ogen dicht.
'Oliebol,' zei ik onzeker. 'O nee, appelmoes.'

'Je doet het erom,' snauwde de Kerstman.
'Zeg op, wat rijmt er op boom?'
'Piek?' vroeg ik. 'Slinger? Engelenhaar?'
'Nee, idioot. Room. Of droom. Of stoom.
Probeer het nog eens, wat rijmt er op bal?
Dat is toch niet zo moeilijk?'
Ik schudde met mijn hoofd. Ik sloeg ertegen.
Maar er wilde niks uitkomen. Niks.

De Kerstman dacht dat ik het erom deed.
Hij greep me bij mijn pyjamajasje.
En hij smeet me kopje-onder in zijn inktbad.
'Dat zal je leren!' riep hij.
Maar dat leerde me niets niemendal.
Ik kon echt niet meer rijmen.
Niet op droger, niet op pop, niet op piek.
De Kerstman zat me ongeduldig voor te zeggen.

'Op droger rijmt hoger,' riep hij.
'En op pop rijmt kop en op piek rijmt ziek.'
'Als u het zo goed kan,' zei ik al inkttrappelend,
'waarom maakt u ze dan zelf niet?'
De Kerstman is een echte zakenman.
'Daar zeg je wat, dat is goedkoper,' zei hij.
Hij pakte zijn rekenmachientje.
En hij knikte tevreden.

'Ik heb jou helemaal niet nodig,' zei hij.
Toen viste hij me uit de inkt en bracht me thuis.
Op de terugweg was de maan nog mooier.
En de sterren knipoogden naar me.
De Kerstman zette me af voor de deur.
'Jij krijgt een cadeau!' riep hij. 'Hohoho!'
De domme rendieren namen een aanloop.
En de slee steeg als een raket.

Ik poetste mijn tanden niet eens, ik kroop zo in bed.
Want ik was ijskoud en doodmoe.
De volgende ochtend ging de wekker.
Ik draaide me om, want ik sliep nog zo lekker.
En ik had wondermooie dromen.
Maar Sint zou om zijn staf kunnen komen!
Ik sprong uit bed en schoot kleren aan
om zo vlug als ik kon naar beneden te gaan.

Daar had je de bel al, ik vloog naar de deur.
Sint zag me... en hij verschoot van kleur.
'Ben jij dat, Piet? Jij bleef toch thuis?
Wie past er dan op de snoep en het huis?'
'Maar Sinterklaas, ik ben geen Piet.
Ik ben de dichter, ziet u het niet?'
'Hoe moet ik dat zien,' vroeg Sinterklaas.
'Je bent zo zwart als mijn Pieterbaas.'

Ik vloog naar de spiegel, bleef stokstijf staan.
Een inktzwarte Zwarte Piet keek me aan.
Maar ik kon weer rijmen. Hiep hiep hoera!
De Kerstman zag me, hij riep: 'Hahaha!
Zeg, inktvis, er komen geen kerstmangedichten, want ik kan niet in de maat schrijven
Die Sinterklaasgedichten van jou die mogen dus blijven!'
Hij gaf me een slinger, een bal en een piek
en een koperen kerstklok met kerstmuziek.

Sint gooide 's nachts iets in zijn laars.
Een zoete marsepeinen kaars.
Met een gedicht van mij erbij.
Toen was de Kerstman trots en blij.
Nu zingt hij liedjes bij de haard
en zet water en hooi neer voor het paard.
Want hij hoopt dat hij wat bij de schoorsteen vindt
met *De groeten van de goede Sint*.